Kleine Gereimnisse

103 Gedichte

von

Jürgen Trumann

Immer noch studiere
Ich am kleinsten Tiere:
Welche himmelhohen Rätsel es gibt.

Joachim Ringelnatz

Das kleine Schwarze

Das kleine Schwarze ist der Text
in Lyrikbänden und Textil
an stilbewussten Frauen.

Wenn auf dein Hemd die Fliege kleckst,
gilt ebenfalls, dass wenig viel
und Grund ist, hinzuschauen.

Schicksalsgenossen

Der Fliege geht es im Büro
wohl ebenso
wie mir, den die Gegebenheiten
(generöse Pausenzeiten,
dazu Freigetränke) zwangen,
das Kaffeetrinken anzufangen.

Meide Mund-Propaganda

Dein großes O, oral-oval,
mach zu, sonst kommen Fliegen rein!
Dein O-Versal als Overall
für diese dürfte lästig sein.

Geht eine dann, so palatal*
kopfüber, aus auf Gaumen-Schmaus,
wird Dir der Gaumen-Kitzel Qual.
Das hältst Du doch im Kopf nicht aus!

---

*das Palatum, den vorderen Gaumen, betreffend

Irrtum

Eine Blattlaus landete
auf einem Tageblatt.
Die Chitin-Gewandete
verflog sich hier – und hat
sich prompt davongemacht,
ohne es zu lesen.
So ist das Blatt (tja, falsch gedacht…)
kein lausiges gewesen.

Metapher

Auf aufgeschlagener Bibel rannte
eine Blattlaus hin und her.
Das Tierchen, das die Schrift nicht kannte,
das – entschuldigt – ignorante,
machte mir die Andacht schwer.

Der Honig, wie im Psalm beschrieben,*
wär´ beiden fast verwehrt geblieben.
Nur, was der Laus verborgen blieb,
war mir bereits vertraut und lieb.

---
* Psalm 119,103

Eloquent

Irgendwie kein „dummes Vieh"
war die kleine Fliege, die
auf PATMOS ihre Füße rieb –
nachdem ich dies ins Rätsel schrieb.

Die Fliege stand nach A gewandt
und putzte ihre Hinterhand
auf P (wie Pediküre!).

Dann verlieh sie der Lektüre
eloquent per Exkrement
ihren eigenen Akzent
und verließ die P'ATMOS-Sphäre,
als ob nichts gewesen wäre.

Menschlich

„Was ist das für'n Scheiß hier?!"
Ich meint' es nicht so.
Ich rief's nur der Unordnung fluchend.
Doch schon kam 'ne Fliege
und fragte: „Was? Wo?"
Minuten noch summend und suchend.

Die Fliege durchs Fenster ins Freie zu führen,
bedurfte beträchtlicher Mühen.
Wie menschlich:
sich für jeden Mist int'ressieren
und weiserem Rate entziehen…

Fraktur

Wortbrüchig kippte der *Text auf die Seite.*
Stand nun nicht länger zu lesen, er lag.
Dort: eine Silbe und hier: eine zweite
fand sich zerblättert vom Seitenaufschlag.

Fort nur! Der Künstler sucht bitter das Weite –
*Schrift*stellerei *soll betreiben, wer mag...*

Kein Gedicht

Ein Gedicht
zum Unterricht
war meine Pflicht
zu schreiben.

Ich konnt´ es nicht.
So ließ ich´s bleiben.

Kurzgeschicht

Schnitt –
Litt!
Bitt:
Kitt´!

Hansaplast,
wenn du hast…

Gedicht zum Haare Raufen

Das Raufen eines Haares
rührte mich zu Tränen.
Es wäre zu erwähnen:
in meiner Nase war es.

Das Raufen des Gewächses
bliebe kommentarlos –
du liest von diesem Haar bloß
dank Tränenflussreflexes.

Au!

Ein Pauker auf der Gaube hockt,
von wo aus er die Taube lockt.
Was kaum die Taube glauben mag:
Der Pauker probt den Taubenschlag!

Zickenalarm

Am Zypergras die Ziege zupft′,
wo zirpend die Zikade geigte,
die zagend gleich davon gehupft,
als ihr die Geiß die Zähne zeigte.

Die Steingeiß

Die Steingeiß wirft ihr Junges nicht,
sie setzt es –
damit′s nicht springt,
so wie ihr letztes.

Warumm wohl nur mit einem m?

Schreib „Bummerang" nur, wenn er trifft,
als Sonderfall der deutschen Schrift.
Kehrt er zurück, fliegt er davon,
steht „Bumerang" im Lexikon.

Ein Fallter

Ein Fallter, der nur fällt, nicht fliegt,
beweist, wie schwer manch Fehler wiegt.

Ein Vorschlag mit Sinn?

Man nenne
die Henne
behördlicherseits
Gelegeheiz-
arbeiterin.

potamus

es bremste meinen lesefluss
der po… der po… der potamus.
wohl wegen der minuskeln.

kein flusspferd hat ihn aufgewühlt,
das etwa mit den muskeln spielt´,
den hippopotamuskeln.

Der arme Ellefant

Es war einmal ein Ellefant...
mittels Doppelkonsonant
ungemein verdichtet.
(Was hab ich angerichtet?!)

Fünf Dezimeter im Kubik
sind im Wald von Mosambik
oder von Zaire,
wo so wilde Tiere
wie Leoparden lauern,
nicht viel zum Überdauern.
Und in der Steppe Kenias
wär' er bald Hyänenfraß.

Auch stellt der Kleine traurig fest:
mit seinem kurzen Rüssel lässt
sich kaum ein Blatt vom Baume reißen,
und den Baum noch umzuschmeißen,
fehlt die rechte Kraft.

Mit seinen kurzen Beinen schafft
er keinen Kilometer.
Noch nicht mal als Trompeter
will der Rüssel taugen.
Na ja, ein bisschen Wasser saugen
lässt sich schon damit.

Als folgereichen nächsten Schritt
lass ich – nein, nicht regnen –
ein Mädchen ihm begegnen,
eines Kongokönigs Tochter!
Und, zum Glück, auf Anhieb mocht′ er
dieses liebe Fürstenkind.

Und wenn wir schon im Mehrchen sind,
wird sie an Vaters Hofe
des Ellefanten Zoofe.

(Trotzdem schreib ich nicht so schnell
mehr Elefant mit Doppel-l.)

Pünktabzüge

Freund Ahmad erklärte: „Das hab ich gekäuft." –
im Deutschen noch wenig erfahren.
Mich kümmert nicht, was er für Hausrat anhäuft.
Doch riet ich, damit es im Sprachkurs gut läuft,
bei Kaufen den Umlaut zu sparen.

Kann „Sein oder nicht sein"

Vor der Liftkabinentüre,
Volkshochschule, Erdgeschoss,
stand ein Mädel mit Broschüre,
welches, wie mein Scharfsinn schloss,
da es lesend sich entfernte,
„Hamlet, erster Aufzug" lernte.

Frag, frag!

Traben Raben? Nein. Sie schreiten.
Sind meist aber auf dem Sprung,
suchen Flügel schlagend Schwung.
Flattern eifrig oder gleiten.
Je nach Wind und Witterung.

Haben Rabenknaben später,
so als Väter, einen Bart?
Vielleicht so was in der Art.
Wenn ich gucken will, verkräht er
schon die Schar, ihr Rabenwart.

Schlafen Raben hoch in Kronen
oder so im Taubenschlag?
Nun, man sieht sie nur am Tag.
Wo sie schlafen oder wohnen,
weiß ich echt nicht, aber frag.

Lückenbekenntnis

Vor seinem Schwedenrätsel nagt
Herr H. am Stift, nagt sein Gewissen.
„Heiliger Vater" ist gefragt.
Herr H. ist hin- und hergerissen.
Er ist geneigt, brav „Papst" zu schreiben.
Doch will der treue Protestant
bei seiner Überzeugung bleiben.
Nun bleibt die Stelle hier vakant.

Feldherr

In seinem Kreuzworträtsel ließ
Herr H. sechs Felder letztens leer.
Was „Macht, Befugnis" ferner hieß,
gab seine Bildung sicher her,
doch hatte er für sich entschieden,
und blieb nun konsequent dabei,
dass selbst im ärgsten Fall hienieden
„Gewalt" nie eine Lösung sei.

Reaktionen

Wenn sie ein Auto, einen Fußgänger sehen,
entfliehen die Rehe ad hoc.
Kommt ein Motorrad, dann bleiben sie stehen
und denken: Ach, guck mal, ein Bock.

Lehre

Was macht das junge Reh
an meinem Zeh
(der aus dem Schlafsack ragt)?

Wie schon sein Name sagt:
es kitzelt.
Gut, nächstes Biwak mit Zelt.

Kitzlige Situation

Ein Kitz mit Witz
blickt durch den Schlitz
des Vorhangs von der Bühne.

Das Tier zitiert
nicht sich, es „stiert".
Wie Ferdinand, nur kühne.

Fatal: Im Saal
tönt's auf einmal:
„Nicht artgerechte Haltung!"

Des Kitz' Besitz,
Talent und Witz,
kommt so nicht zur Entfaltung.

„Bestie"

Die Maus von rechts nach links, ich sah sie,
ein Katzenabendessen quasi –
sofern die Katze keine Steaks frisst
und abends jagend unterwegs ist,
sowie dem deutschen Sprichwort frommt,
und brav ganz schwarz von links her kommt.

Die Maus – auch ohne Katz in Sicht –
lief hetzend, flitzend. Schlendernd nicht.
Bei solcher „*Bestie*" setzt die Maus
zu Recht das Schlechteste voraus.

Wischenbericht

Zu der Fluse auf dem Fluge
durch mein Zimmer sprach ich: „Sitz!"
War mit Putzen im Verzuge,
aber klar, das war ein Witz.

Und als hätte sie verstanden,
wie ich's meine, flog sie fort,
ohne Eile, wo zu landen.
Hiermit endet der Rapport.

Bären-Mären

Wenn nicht der Solarbär
so ausgesprochen rar wär',
säh'st du ihn eventuell
im eingecremten Unterfell
am Eisstrand in der Sonne braten.

Wo der liegt, wird nicht verraten,
damit durch Voyeure
den Bären man nicht störe.

Wusstest du, dass Brillenbären
gar zu gerne Grillen gären
und sogar zu Willen wären,
sie mit dir zu teilen?

Du musst dich nur beeilen,
Kind,
eh sie aufgegessen sind.

Der Kodiakbär

Aus den tosenden Wogen des Stromes ragt,
gewiss eine dreiviertel Tonne schwer,
der Kodiakbär,
just auf der Jagd,
und langt in den Wellen nach Lachsen.
Auf stattliche ein Meter achtzig gewachsen
ist er, in typischer brauner Gewandung,
ein Pelz in der Brandung.

Vom Wurfholz

Ein Wurfholz, das wo liegen blieb
bei Ayers Rock, Australien,
sog Tau und Mineralien,
worauf es Bumeranken trieb.

Nach wundersamem Wachstumsschube
wurde es zum dichten Strauch.
Ein Dingo-Paar nahm's in Gebrauch
für seinen Wurf – als Kinderstube.

Der Trick des Schweins

Es stand ein Schwein
auf einem Bein.

Du denkst vielleicht: Das kann nicht sein!
Auf zweien wär
das schon zu schwer!

Und du hast Recht. Der Trick des Schweins
war nämlich der: Es war nicht seins!

Auf allen Vieren stand es fest
auf einem Mammut-Überrest,
und zwar auf einem Schenkelfund
am Taimyrsee. Das war der Grund.

Wissenschaft für sich

Es lebte wohl im Alpenland
vor vielen tausend Jahren,
der Forschung weithin unbekannt,
ein Krokodil mit Haaren.
Es trug vom Kopf bis an die Beine
eine braune Mähne.
Krallen hatte es nur kleine,
aber lange, scharfe Zähne.
Der Schwanz war zwar nach Knochenfunden
recht kurz für Krokodile …
Nun, da war wohl etwas verschwunden.
Auch Zähne fehlten viele.

Da Wissenschaftler bisher nur
gemeint, es sei ein Bär gewesen,
ist in der Fachliteratur
darüber kaum etwas zu lesen.
Nur ein Professor aus Konstanz
ist so wie ich gewiss:
Ein Bär trägt nie so einen Schwanz,
auch nicht so ein Gebiss.
Ihm ist nach langer Prüfung klar,
und ich bin überzeugt wie er:
Das Tier dort in den Alpen war
ein Bärnhaardinosaurier.

Der Kuhguck

Im Wiesengrund am Wegrain lagert
ein Stapel alter Bretter.
Darauf hockt, etwas abgemagert,
des Ziegenmelkers Vetter.

Rechts davon wuchert Getreide,
links eine Weide,
wo Änne Mähnemuh,
die Hochlandrindkuh,
ihr Frühstück genießt.

Der Kuhguck beschließt,
ein bisschen zuzuschaun
beim Gräserkau'n
(auch selber Frühstück zu ergattern),
fliegt auf den Weidezaun
und glättet nach dem Flattern
sein Gefieder.

„Der Kuhguck schon wieder,
kommt nur um abzusahnen!",
mag die Mähnemuh ahnen
und legt sich auf ihre Zitzen.
Denn Kuhmilch stibitzen
lässt sie nur Rinder
und Menschenkinder.

Der Kuhguck kriegt gar nichts zu schlucken,
kann noch so viel gucken.
Das tut er auch fleißig
(daher der Name) –
mit wachsendem Grame.

Vielleicht wird, was weiß ich,
er einmal der Ahn
des Knurrmagenhahn;
ein tragischer Evoluzzer
statt Kuheuternutzer.

Schöpferisch

War dem Köcherfliegensohn
wohl sein Hort zu monoton?
Oder zierte er zur Tarnung
seine schlichte Leibumgarnung
mit entsprechend klitzekleinen
Pflanzenteilen, Kieselsteinen,
die als Biostoffgeschmeide
nun aus seinem Puppenkleide
einen Tunnel werden ließen,
sich dem Fischmaul zu verschließen?

Wer wohl gab zu dieser Röhre
die Idee dem Konstrukteure?
Hat der Köcherfliegensohn
sich die coole Konstruktion
ganz alleine beigebracht?
Oder der, der i h n gemacht?

Missing link

Brötchen- oder Waffelresten
nimmt sich gern die Taube an.
Unterm Tisch von Café-Gästen
nährt sich auch der Spatzenmann.
Speiseeis- und Schokoflecke
sind der Fliege ein Genuss.
Doch genug bleibt auf der Strecke,
dass der Mensch sich bücken muss.

Findet sich denn gar kein Tierchen,
das sich Kassenbonpapierchen,
Zuckertüten, Servietten
und gerauchte Zigaretten
einverleibte und verdaute,
sprich: ver-putzt, was mensch versaute?

lol?

Im Gleichschritt staksen stolz einher
drei Weiblein. In luftigem Kleide.
Nichts scheint mir dieses Trio mehr
als eine Augen-Weide.

Denn schweigend schreiten diese sehr
modernen, sprich „stylischen" Wesen.
Das Gackern der Mädchen – wie früher – wär'
in Handy-Displays wohl zu lesen.

Bewusst sein erheitert

Einer naht auf leisen Sohlen,
einer ahnt und blickt verstohlen.

Anschleichen scheitert.
Beide erheitert.

Störfaktor

Zum kleinen Karpfen kam, zum Koi,
am Gartenteich mit „Fisch Ahoi!"
des Nachbarn junge Katze
und reichte ihm die Tatze.

Welch Schreck ihm in die Gräten fuhr!
Er sah der Katze Tatze nur,
hat gar nicht ihren Gruß gehört!

Das hat den Karpfen so ver*stört*,
dass er von da an jedes Jahr
nichts laicht
als lauter Kaviar.

Hohe Kunst

Dohlen klingen
wie wenn Steinchen springen
übers Eisparkett von Schlittschuhteichen.

Nur, der Dohlen
kühne Kapriolen –
wie sie Loopings drehen,
fast im Winde stehen,
sich ins Taumeln bringen,
wieder aufwärts schwingen –
sind mit Eiskunstlauf nicht zu vergleichen.

Eine Krähe in der Nähe

Eine Krähe in der Nähe
quert im Tiefflug die Chaussee.
Ungeachtet, dass ich's sehe,
strebt sie zum Buffet in spe.

Hat die Krähe in der Nähe
keine weitere dabei?
Doch. Im Acker hockt ihr Macker,
hält ihr eine Furche frei!

Ein Bussard auf dem Stoppelfeld

Ein Bussard auf dem Stoppelfeld.
Den Mäusen hat er nachgestellt
und zwei, drei, vier im Rachen.

Nun hockt er auf dem Acker noch
vor ihrem leeren Mauseloch,
ein Bäuerchen zu machen.

Anregung

Der Regenwurm kriecht durch den Lehm
und findet solches angenehm –
so braucht er keine Sonnenkrem.
Geschmeidig bleibt die Haut und rosa.

Von den Himba oder Xhosa-
Afrikanern las ich auch,
dass diese diesen weisen Brauch,
rote Erde zu benützen,
um vor Sonne sich zu schützen,
noch mit Butter kultivierten
und sich ganz damit beschmierten.

Hat einst ein *Wurm* das angeregt,
dass sich der Mensch zu pflegen pflegt?
Recht dunkel, wie ein Himba-Mann,
ist die Erinnerung daran.

Das Landschaftsbild

Inmitten eines Landschaftsbilds
erwächst ein dicker Schimmelpilz.

Dies Landschaftsbild, das leuchtet ein,
scheint schlecht besonnt und feucht zu sein.

Die Nadel im Heuhaufen

Die Nadel im Heuhaufen finden ist leicht.
Mit bloßen Händen suchen reicht.

Sicher versetzt sie dir bald einen Stich.
Dann könnte man sagen, die Nadel fand dich.

Ist doch gut, wenn man nicht lange suchen muss.
Du bist doch geimpft gegen Tetanus?

Latrinenweisheit

Es gibt Leute,
die lesen zu gern
auf dem Klo.

Wieso?
Suchen sie Stille?

I wo –
da gibt´s eine Brille!

Na sauber...

Von der Badkeramik stach
(die ich, meiner Meinung nach,
neulich erst gereinigt hab)
deutlich etwas Schwarzes ab.

Beim Versuch, das Stückchen Dreck,
diesen Krümel, aufzulesen,
überkam ein leichter Schreck
mich und dieses – Lebewesen!

Bestenfalls drei Millimeter
maß das aufgescheuchte Tier.
„Abortfliege" las ich später,
„hat im Überlauf Quartier".

Und derweil die lieben Blagen
an der Abflussflora nagen,
dient der Beckenrand im Bade
ihr als Uferpromenade.

Launige Sommernacht

Weißt du, wie viel Sternlein stehen?
Wie viel sitzen? Wie viel liegen?

Heute sind sie schlecht zu sehen,
denn der Wind spielt „Wolken kriegen",
treibt sie durch des Mondes Hof
von schwefelgelbem Lichte.

Und der Mensch? Spielt Philosoph.
Oder schreibt Gedichte.

Entfernungen

Ich betrachte gerne Sterne,
klein und weiß im All verteilt.

Ich verachte Feigenkerne,
zwischen Zähnen eingekeilt.

Kindersegen

Ein Kleinkind, welches abgelenkt,
statt Mutter mir sein Lächeln schenkt,
streckt gar sein Händchen mir entgegen.
Ein kleiner Feierabendsegen.

Offenes Buch

Wo ehedem die „Grote Dör" gewesen
am alten Haus mit junger Fensterfront,
gab dies den Blick frei, da auch gut besonnt,
auf ein Idyll, gerahmt und hinter Glas,
in dem ein Mann mit seinem Sohne saß.

Ein Tisch mit Stühlen war da und dabei,
nebst einer Schullektüre, diese Zwei,
einander und dem Buche zugewandt.
Im Antlitz jenes Mannes fand
ich, war viel Güte und Humor zu lesen.

„
„

Als Füllfederwolken
das Blaue vom Himmel
mit Gänsefüßchen markieren,
die „Anführungsstriche"
ganz oben,
irren die Zirren.
Dieser Himmel
ist kein Zitat.

Univers

Sieh an, des Himmels Sieb-
tel ist angefüllt mit Sternen!

Wächst wohl ein guter Trieb
aus wurmlochhohlen Kernen?

Manch Fortschritt ward zum Dieb,
schlug Löcher in Zisternen.

Der Schöpfer hat uns lieb,
mag uns nicht flugs entfernen.

Du wirst, was ich hier schrieb,
nicht an der Uni lernen.

Synergie

Zwei Blitze, leises Donnergrollen.
Der Himmel hat gewittern wollen.
Doch fehlte ihm noch Energie.

Minuten später hat er sie.
Gebiert aus dunkler Wolkenschicht
Blitz, Donner, Regen – dies Gedicht.

Donnerwetter!

Für einen Wolkenbruchteil bleich
ist der Himmel, von Blitzen zerschlitzt.
Für mich, der recht sorglos und sicher sitzt,
äußerst eräugnisreich.

Gleich wirft sich der Himmel mit Donnergrollen
in die Bresche und kittet die Risse.
Für uns, die gern alles schön haben wollen,
wäscht er jetzt gar die Kulisse.

Ge...danke

Gerade mal eine Sekunde bevor
ich in meiner schützenden Wohnung verschwand,
trafen mich drei Tropfen Regen,
die eines Unwetters Wolke verlor.

Wieder einmal: Deine schützende Hand,
Herr, statt meines Schirmes zugegen.

Überall ist Wunderland

Ob heute hinterm Horizont
die Grinsekatze steckt?
Ich weiß, der Mondrand ist besonnt;
kein Tier ist's, das die Zähne bleckt.

Doch ist die Fantasie geneigt,
ein Grinsen zu erkennen,
wo sich die weiße Sichel zeigt.
Ihr könnt mich – Alice nennen.

Eben

Wenn du nach den Wolken schaust
und dich tagzuträumen traust,
siehst du leicht vom Wind zerzaust
eine weiße Taube schweben.
Siehst du nicht? Ich sah sie eben.

Beinah kein *Zwie*gespräch

Der Inhalt scheint nicht von Belang.
Die Liebe ist der Grundakkord.
Der Stimmen weicher, sanfter Klang
macht jedes Wort zum Kosewort.

Heiß begehrt

Die Sonne brennt auf Köpfe und auf Tische –
wärmt fast den kalten Kaffee wieder auf.

O liebe Sonne, du Verschwenderische,
wenn du nicht gratis wärst, ich nähme dich in Kauf!

Frühlings-beflügelt

Ein Käfer, knapp zwei Millimeter lang,
verspürte den unwiderstehlichen Drang
bei plötzlichem Käferweibwittern,
die Flügel, sonst rücklings verstaut, zu entknittern
und statt, wie gewöhnlich, auf sechs kurzen Beinen
sich schnellstens und flugs
                         mit der Braut zu vereinen.

Wenn Liebe mal unsereins Flügel verleiht,
dann tut sie das nur metaphorisch.
Zwar ist uns tatsächlich kein Weg mehr zu weit,
doch Fliegen – das bleibt illusorisch.

Lasst Blumen sprechen

Zwar undeutlich wirkte das Grüßen der Blüte
des Rosenstrauchs hinter dem Zaune:
ein hastiges, leises Geraune.
Doch rührte mich, wie sie sich mühte.
Na, wie klänge *ich* wohl mit Hummeln im Hals?

Sie nickt mir im Winde –
und grüßt jedenfalls
mit redlichem Sinn, wie ich finde.

Hörst du die Gänseblümchen schnattern?

Hörst du die Gänseblümchen schnattern,
mit ihren Blütenblättern flattern?

Wenn nachts noch ein frostiger Ostwind wehte,
nachdem schon der Gärtner den Rasen mähte,
dann schnattern die Blümchen im frühen April.

Sonst sind sie still.

Gedanken beim Rasenmähen

Wie viel wohl eine Wiese wiegt
von einem halben Hektar?
Wie oft wohl eine Biene fliegt
für eine Wabe Nektar?

Wie mäht man eine gerade Bahn?
Lass ich den Klee dort stehen?
Erstaunlich, dieser Löwenzahn –
will einfach nicht vergehen!

Wie tief sich wohl die Wurzel senkt
der Halme, die ich mähe?
Ob die sich was beim Zuseh'n denkt
da auf dem Dach, die Krähe?

Wohin es wohl die Taube zieht?
Und jene Elster drüben?
Wahrscheinlich meint, wer mich hier sieht:
„Der muss noch Mähen üben."

Achtung, Pusteblume!

Von Wiesen oder Rasen
aus vollen Pollensäcken
Passanten anzublasen
und kräftig zu erschrecken,
steht, scheinbar harmlos blühend, die
gemeine Pusteblume. Sieh:
Ein bleicher Mann, ganz gelb gefleckt!
Den hat sie eben frisch erschreckt.

Am Ratsteich

Ich traf ein Nacht- und Nagetier
am Tage hier.
Ich sage dir:
ein Wage-Tier!
Ein wahrlich unerschrockenes.
Die Brötchenreste locken es.

Nur als es mich
ganz nah bei sich
(nicht, dass ich schlich)
erblickte, wich
es in das nahe Nass sogleich,
den Rats- und nun gar Rattenteich.

Die Köcherfliege

Meise, Kleiber, Stelze, Star
und – im Park
recht stark
gefährdet: eine Köcherfliege.

Nimmt sie die Gefahr
wohl wahr
der Insektenfresser-Riege?

Mein Rat an diese Köcherfliege
ohne Pfeile (!)
heißt: Enteile!

Wolf hat Angst vorm bösen Wer

Ein Jungwolf, seinem Rudel fern,
erwandert unterm Abendstern
Wacholdertal und -kuppe.
Den Schnucken scheint er schnuppe.

Sie wünschen brav 'ne Gute Nacht.
Und hat nicht gar ein Schaf gelacht?
Der Wolf fühlt sich belämmert.
Noch Stunden, bis es dämmert...

Vom jungen Mond, der wohlgehörnt,
fühlt sich ein Werschaf angetörnt.
Es blökt zum Herzzerreißen –
und droht, den Wolf zu beißen!

Der Wölfling, in der Heide neu,
erweist sich mehr als menschenscheu.
Er hat auch vor dem Werschaf Schiss,
vor dessen bleckend Überbiss

und flieht aus diesem Grunde,
leckt seine Seelenwunde,
als schon der Himmel rot bewölkt,
im Eichengrund. – Da plötzlich bölkt
es grässlich nahebei.

Fast springt dem Wolf das Herz entzwei!
Wie schrecklich ist die Heide!

Doch in dem Maisgetreide
am Eichengrunde lauert kein
Werschaf, Werhase, kein Werschwein.
Dort quälen nur Tuberkel
ein armes Scheinwerferkel.

Der Nase nach

Spaziergang durch nächtliches Fliederspalier,
wo meine Nase den Blütenduft nascht.
Ein huschender Schatten, der mich überrascht,
zeigt: auch eine Fledermaus liebt dies Revier.

So überrasch huscht da ihr Schatten retour,
wie das Gedicht eine Wendung hier nimmt.
Der Nase nach wäre die Art schnell bestimmt.
Es mangelt an Licht mir und Zeitlupe nur.

Schmetterlingsstil

Wie mühselig schlug sich der Schmetterling
durch diesen Sommer voll Regen!
Wie gegen den Strich ihm dies Wetter ging!
Das war doch keins, Eier zu legen!

Wie schön wär's: als Raupe im Gummibaum räkeln
und aus dem Verdauten ein Puppenkleid häkeln,
in dem man sich zwischen die Blätter hing!

Wie praktisch (zwar gegen die Falternatur)
wär's, wenn es gelänge, nach Gummibaumkur
sich, vollends verwandelt durch Metamorphose,
in sechsbeinig-regenabweisender Hose
mit Schwimmflügeln fortzubewegen!

Der Mondfloh

Der Mondfloh schaut:
Kommt Astronaut?
Kommt Raumschiff angeflogen?

Der Mann im Mond,
den er bewohnt,
ist längst schon leergesogen.

Der hängt sehr schmal
und leichenfahl
am finstern Firmamente.

Nun hofft das Tier
bei mir und dir
auf frische Alimente.

Wirtschaft

Der Sprung in die Schüssel war leicht vermessen.
Der Floh wollte ursprünglich höher hinaus.
Sein Ziel war der Mann, der
beim Essen gesessen.

Der scheidet als Flohwirt ja wieder mal aus…

Entlarvend

Achtzehn Schnakenlarven staken
unterm Rasen rings.
An den Kragen, sozusagen,
jener Larven ging's.

Eine Schar von Staren kam,
fraß fast alle weg.
Die Elster, die die letzte nahm,
nennt die Schnake Snack.

Ein Traum vom Fliegen

Es träumte eine Larve
vom Flug an die Algarve.
Die Chance ist recht gering.
Sie wird kein Schmetterling.

Im Pelz von Tante Vera,
käm´ sie an die Riviera.
Doch Pelz ist nicht en vogue,
weshalb sie ohne flog.

Der Bart von Onkel Marvin
bot Proviant bis Darwin*.
Nur kam die Barthaarpflege
der Larve ins Gehege.

Im Häkelkleid von Lotte
bereist das Kind der Motte,
nebst Wechselunterhemden,
Cuxhaven, Juist und Emden.

---

* Küstenstadt in Nord-Australien

Unter dem Lampenschirm

Unter dem Lampenschirm
kreisen ganz leise
fünf kleine Fliegen.

Möglicherweise
spielen sie „Kriegen".
Rempeln sich jedenfalls an.

Sollten sie tanzen, tja, dann
tanzen sie Pogo.

Fliegen allein ist ein No-Go.

Schwebfliege

Da schwebt vor mir die Fliege, gelb gestreift,
und lässt mich denken: Na, was wird die wollen?
und: Wenn du lesen möchtest, so versuch es.

Schon ist sie fort. Wie schnell das Tier begreift!
Nur Lettern lesen wir und keine Pollen
vom Grunde meines rot gebundnen Buches.

Nachsehen

Ein Käfer hat mich angefallen.
Er konnte nichts dafür.
Ihn hielten seine kurzen Krallen
nicht an der blanken Tür.

Unhaltbar ist wohl auch die These,
von der ich eben sprach.
Es ließ, wenn ich nun richtig lese,
die Adhäsionskraft nach.

Inkognito

Ein Falter, mir noch unbekannt,
nimmt Platz auf einem Blütenrand,
die Flügelpaare ausgebreitet –

was mich gleich dazu verleitet,
etwas näher ranzugeh´n,
ihn genauer anzuseh´n,
ob ich ihn bestimmen kann.

Klapp. „Das geht dich gar nichts an!"

Junger Hüpfer

Da war ein Tier am Seitenrand,
das nirgends im Verzeichnis stand,
ein millimeter„langes".

Das war so klein, so blass und schmal,
das *sah* ich, wenn es saß, nicht mal.
Erahnte nur am Gang es.

Die starke Lupe offenbart′
das Jungtier einer Schreckenart.
Nach seiner Art – entsprang es.

Schwarz auf weiß

In Schriftgröße zwei
trippelt ein Tier übers Blatt.
Eine Papierlaus?

Nein, eine Gallwespe – hat
scheinbar Lust auf Lektüre.

Oder sieht sie sich an,
was der Brut widerführe,
wenn man noch Tinte gewänne
aus ihren Gallen?

Diese Gallwespenhenne
tut sich keinen Gefallen…

Pyralis-Paradies

Die Zünslerraupe, die ich paten-tier-te,
bevor sie, fehl am Platz, im Bad krepierte,
bewegte sich – nachdem die vorher Blasse
von Müsliresten eine ganze Masse
gefressen hatte und nun honigrot war –
zwei Tage nicht. Ob sie nun doch schon tot war?
Das Müsli war schon alt, vielleicht verdorben.
Mag sein, sie war am Übermaß gestorben...

Ich trug ihr Glas ans Fenster und beäugte
sie dort im Licht per Lupe, überzeugte
mich so vom Zustand dieses Zünsler-Würmeleins,
verspürte was wie Mitgefühl –
                        und sah: ich hatte seins!
Da winkte mir das Tier zum Trost und Gruße
durchs Lupenglas mit seinem Mittelfuße
und meinte wohl: Noch gibt es nichts zu schauen.
Mensch, so viel Glück im Glas –
                        das muss ich erst verdauen!

Enttäuschender Ausgang

Die Fliege an der Fensterscheibe
stößt sich die Facetten;
drückt mit ihrem ganzen Leibe,
sich ans Licht zu retten,
innen an die Außentür.
Welch ein Gegen-Stand! Wofür?

Kein halbes Dutzend Füße
nützt ihr, dass sie dieses Ding
irgendwo durchstieße.
Wäre sie Zerschmetterling,
dass sie hier entkäme!

O, welch eine Häme
spürte sie, wenn sie das Schild
wechselnd zwischen matt und wild,
lesen könnend, angeseh´n:
N o t a u s g a n g. Ach was! Für wen?!

Der Flederfuchs

Es fasste neulich hinterrucks
die Fledermaus ein Flederfuchs.
Die Fledermaus war überrascht,
dass sie ein Flederfuchs vernascht.
„Den gibt's doch gar nicht!", dachte sie.
In dem Moment erwachte sie.

Kopfüber hängend im Geäst
stellte sie entgeistert fest:
im Traum am Baum erschien die Welt
noch mehr wie auf den Kopf gestellt.

Was machen die Kätzchen?

Ob Haselkätzchen buckeln?
Ob ihre Knospen zuckeln,
wie's Katzenschwänzchen macht?
Ich geb' mal darauf Acht.

Ob sie mit Knospenknoten
sich putzen wie mit Pfoten
und kratzen hinterm Ohr?
Ich hock' mich mal davor.

Ob Haselkätzchenschnauzen
so wie die echten mauzen
in heller Mondennacht?
Heut Abend halt ich Wacht!

Ob's Haselkätzchen kauert,
auf Haselmäuschen lauert,
erst spielt und dann verzehrt?
Ach, das geht umgekehrt!

Die Haselkätzchen springen
im März vor allen Dingen,
statt Mausefrau und -mann,
die Frühlingssonne an!

An- und Umstand

Die Hochwaldschnepfen tupfen
bei Schnepfenschnabelschnupfen
den Schnabel, wie's im Buche steht,
am Hirtentäscheltuch, wenn's geht.

Ist dieser Umstand nicht gegeben,
dann tropft der Schnepfenschnabel eben.

Zebrafisch und Zebrafink

Zebrafisch und Zebrafink
trafen sich auf einen Drink.
Zebrafisch gab einen aus.
Klar, er war darin zu Haus.

Zebrafink lud Zebrafisch
nun zu sich, ganz gönnerisch,
auf ein Korn in seinen Bauer.
Zebrafisch sprach: Ich bedauer'.

Keine Bauchpinselei!

Der Katzendarm, auf jene Geige
gespannt, litt der an Diarrhö?
Nicht, dass die Katzenstreu zur Neige
ging – und hier der Darm zu Ende… Nö.

Nur ziemlich dünn und langgezogen
war, was dem Korpus meist entwich,
sobald ein Pferdeschweifhaarbogen
den strammen Katzendarm bestrich.

Schwer auf Draht

Ein Drahtbügel drohte vom großen Gewicht
eines Wollmantels schier zu verbiegen –
nein, drohte nicht, verbog nur schlicht
und kam mit dem Loden am Boden zu liegen.

Der Waschzettelleser, die -leserin
vermiede solch eine Malesche.
Es wiese sehr wohl ein Symbol darauf hin:
-- „Keine Bügelwäsche"

Fort-Schritt

Drei Hosen sind im Schritt gerissen.
Die Nähte heute sind ein Witz!
Warum sie da nur sparen müssen?!

Dank dieses Rückentwicklungs-Schritts
muss ich mich neu zu setzen wissen.
Ade, geliebter Schneidersitz.

Einheitswetter

Die Wolke schwebt im hohen Blau
als zarte, weiße Fahne.
Darunter zwei Milane,
ein Männchen wohl und seine Frau,
zieh´n kreischend ihre Kreise.

Die Wolke zieht ganz leise
und außerdem auf gerader Bahn
und höher als der Rotmilan
auf ihre eigne Weise
mit leichtem Wind nach Osten
(ganz ohne Reisekosten).

Was schwebt wohl dieser Wolke vor
(außer den Milanen)?
Geht´s zum Brandenburger Tor?
Kann sie so was planen?
Das kann ich nicht mal ahnen.

Die Wolke, die im hohen Blau
die Grenzen überwindet,
ich fürchte, sie verschwindet
im Nebel überm See bei Plau.

Dann weiß ich gar nicht mehr genau,
ob sie, die so vertraut mir schien,
die Wolke ist, die auf Berlin
den zarten, leichten Schatten legt
und sich im hohen Blau bewegt.

Nun, bleib ich hier – und hab die Fahrt
zum Brandenburger Tor gespart.

Nachtrag, 04. Oktober

Wie hab ich mich geärgert heut
und meine Ignoranz bereut,
als ich in meinem Atlas las
(den ich ja vorher schon besaß):
Plau liegt viel weiter nördlich!

Da Wolken nicht behördlich
noch sonst wie leicht zu lenken sind
(es sei denn, dass ein krauser Wind,
nach Nord zuerst und dann Südwest,
sie Richtung Hauptstadt schweben lässt,
was aber kaum wahrscheinlich scheint),
hat sie sich *nicht* in Plau vereint
mit jenem Nebel, wie ich dachte.

Der leichte Wind von Westen brachte
die unverfälschte Wolke sachte
übers Brandenburger Tor!
Au Mann, komm ich mir dämlich vor!

Ich werd gewiss im nächsten Jahr
(bei neuem Westwind-Wolke-Paar)
den Einheits-Tag bewusst begeh′n –
und ganz genau im Atlas sehn,
wie unser Osten strukturiert ist,
(damit man nicht so ganz blamiert ist)

Dann mach ich mir ein Verslein draus,
das sieht mehr nach Gesamt-Werk aus
und nicht nur wie ein Binnen-Reim
aus meinem Wolkenkuckucksheim.

Du, Tropf

Städter, Tropfen, höhlt den Stein.
Denkst du, Tropfen, du allein
hast nur das Talent dafür?

Tropf mal an des Städters Tür.
Wenn er öffnet, rinn' hinein:
Alles ausgehöhlter Stein!

Innenhofszenario

Der Wind springt an der Wand empor.
Ein Blättchen, das ein Baum verlor,
bezeugt es.

Das Bäumchen, ein gebeugtes,
steht unter leichtem Beben
daneben.

Dichterling und Trichterling
(Laccaria amethystea)

Ein Trichterling, ein violetter,
bahnte sich durch Buchenblätter
seinen Weg zum Licht –
und mir den zum Gedicht.

Ob Trichterlinge schätzen,
was Dichterlinge setzen,
sprich Hymnen über Hyphen,
ist nicht zu überprüfen.

Ob sie mit Amethysten
was anzufangen wüssten,
nach denen sie benannt,
ist gleichfalls nicht bekannt.

Ob violette Trichterlinge
über eine Sicht der Dinge
überhaupt verfügen?
Ich weiß nicht. Müsst ich lügen…

Spannend

Die Spinnen, die mit langen Beinen
an der Decke hängend ruh'n
und dir gruselig erscheinen,
ohne dass sie etwas tun,
wissen nichts von deinem Bangen,
nicht, wer dies dir eingeimpft,
ahnen nicht dein Mordverlangen,
auch nicht, dass man auf sie schimpft,
wissen nichts von Fledertieren
(weil noch keines hier erschien),
nichts von Monstern, von Vampiren,
nichts von Halloween,
kennen Krimis nicht noch Western,
auch keinen verspäteten Zug.
Sich vor ihren eigenen Schwestern
zu hüten, ist spannend genug.

Florfliege

Wen hast du beim Wort oder Duftstoff genommen?
Du „Trauerflorfliege" mit Fussel am Leib –
ach, schlimmer: gefesselten Flügeln!

Wer riet dir dazu, auf den Teppich zu kommen?
Statt Fensterritzruhen als Wintervertreib
changierst du mit Spinnfaserzügeln.

In meiner Mansarde so hängen zu bleiben,
hast du nicht erwartet. Du hieltest sie für
'ne florfliegenfreundliche Stätte?

Ich könnte ein kleines Gedicht drüber schreiben,
du Pegasus-Falbe en miniature…
Nein, warte. Ich hol 'ne Pinzette.

Floh, die Laus

Lausige Kälte floh,
dass sie ans Fenster sich schmiege,
die Weiße Fliege.

Floh, mangels Vertrauen,
als ich es öffne, sie näher zu schauen,
zurück in die Kälte hinaus,
diese Mottenschildlaus.

Floh mich und war sich
so schnell nicht im Klaren.
dass mein Schatten und ich,
vor denen sie wich,
keine Gefahr für sie waren.

Flohbeinig,
las ich im Lexikon nach,
sei sie tatsächlich, die *Trialeurodes*,
stets auf dem Sprung vor dem Schatten des Todes
von räuberisch lebender Wanze.

Im Stillen heilfroh,
dass sie floh,
war im Topf im Büro
die Malve, die zierliche Pflanze.

Morgengrauen

Ich sitze zerknittert-verschlafen im Wagen.
Der eben gestartete Motor röhrt.
Da sieht mich ein Kind
und entfernt sich verstört.

„Der Wolf war's!", so denkt es,
„Mit knurrendem Magen!"

Stegreif-Gedicht

Ein Kanute kehrte wieder
von der Spätherbsttagestour
und befühlte seine Glieder
nach erlittener Blessur.

Kam ein Sportsfreund, fragte: „Und?
Ging alles glatt, Kollege?"
Sein Steißbein reibend tat er kund:
„Auf dem bereiften Stege…"

Cool

Sterneknirschend nimmt der Schnee
hin, dass du ihn trittst.
Quatsch, das tut ihm gar nicht weh.
Wasser ist gewitzt,
kam zuerst auf die Idee,
Prellung präventiv zu kühlen,
keinen Schmerz zu fühlen.
Schau mal: unerschrocken
landen neue Flocken!

Temperaturabsenkung

Es war mir, als ich früh erwachte,
als kratzte mit der Schaufel sachte
jemand Schnee vom Trottoir.

Als ich die vage Sinnesreizung
näher überdachte,
war mir aber klar,
dass es meiner alten Heizung
Morgenräuspern war.

Weckgefegt

Heimlich leise in der Nacht
hat der Himmel Schnee gebracht,
dessen ich noch nicht gewahr
war, doch der Nachbar offenbar.

Früh, aus Furcht vor harscher Kruste
und vor möglichem Regresse
(flöge jemand auf die – Nase),
fegt der Schneeräumpflichtbewusste,
während ich noch dösend sinne,
ob ich auch schon was beginne.

Neuschnee

Schnee auf Feldern, Schnee auf Wiesen,
Schnee auf Straßen und Markisen,
Schnee auf Bänken, Wagen, Wegen –
niemand naht, ihn fortzufegen,

Schnee auf Dächern und auf Gärten,
auf Frisuren, Mützen, Bärten –
selbst auf Wimpern und im Kragen
finden Flocken Unterlagen!

Schnee auf Eis von Seen und Bächen,
Schnee auf Sport- und Parkplatzflächen,
im Gebüsch, in frischer Gruft,
in der Hecke, in der Luft...
überall, fast himmelweit,
hat's geschneit!

Was erzeugt die weiße Zier?
Nichts als Zu-Fall, sag ich dir!

Weißt du…?

Weißt du, welche Anzahl Zehen
Schäfchen auf den Beinen hält?
Und wozu im Schweifumdrehen
Nilpferds Kot mehr fliegt als fällt?

Seinen Schäfchen gab Gott „Schalen"
an die Füße: viermal zwei.
Und das Nilpferd zeigt Rivalen:
Gebt hier Acht, sonst Rangelei!

Weißt du, wie viel Strähnlein wehen,
wenn ein Pferd dem Sturm sich stellt?
Ob die Schwänlein was verstehen,
wenn ein Hund am Ufer bellt?

Weißt du, wie viel Sternlein stehen?
Weißt du, wie viel Wellen treiben?
Weißt du… Fragen gibt's, die bleiben
ohne Antwort in der Welt.

Inhaltsverzeichnis

„" (Als Füllfederwolken das Blaue)	44
lol?	34
Achtung, Pusteblume!	53
Am Ratsteich	54
Anregung	38
An- und Umstand	74
Au!	13
Bären-Mären	26
Beinah kein Zwiegespräch	49
„Bestie"	24
Bewusst sein erheitert	34
Cool	87
Das kleine Schwarze	6
Das Landschaftsbild	39
Der arme Ellefant	16
Der Flederfuchs	72
Der Kodiakbär	27
Der Kuhguck	30
Der Mondfloh	60
Der Nase nach	58
Der Trick des Schweins	28
Dichterling & Trichterling	82
Die Köcherfliege	55
Die Nadel im Heuhaufen finden	39
Die Steingeiß	13
Donnerwetter!	46

Du, Tropf	81
Eben	48
Ein Bussard auf dem Stoppelfeld	37
Eine Krähe in der Nähe	37
Ein Fallter	14
Einheitswetter	78
Ein Traum vom Fliegen	63
Ein Vorschlag mit Sinn?	15
Eloquent	9
Entfernungen	42
Entlarvend	62
Enttäuschender Ausgang	71
Feldherr	21
Floh, die Laus	85
Florfliege	84
Fort-Schritt	77
Frag, frag!	19
Fraktur	11
Frühlings-beflügelt	50
Ge…danke	47
Gedanken beim Rasenmähen	52
Gedicht zum Haare Raufen	12
Heiß begehrt	49
Hohe Kunst	36
Hörst du die Gänseblümchen schnattern?	51
Inkognito	67

Innenhofszenario	81
Irrtum	8
Junger Hüpfer	68
Kann „Sein oder nicht sein"	18
Keine Bauchpinselei	75
Kein Gedicht	11
Kindersegen	43
Kitzlige Situation	23
Kurzgeschicht	12
Lasst Blumen sprechen	51
Latrinenweisheit	40
Launige Sommernacht	42
Lehre	22
Lückenbekenntnis	20
Meide Mund-Propaganda	7
Menschlich	10
Metapher	8
Missing Link	33
Morgengrauen	86
Nachsehen	66
Na sauber…	41
Neuschnee	90
Offenes Buch	43
potamus	15
Pünktabzüge	18
Pyralis-Paradies	70

Reaktionen	22
Schicksalsgenossen	6
Schmetterlingsstil	59
Schöpferisch	32
Schwarz auf weiß	69
Schwebfliege	65
Schwer auf Draht	76
Spannend	83
Stegreif-Gedicht	86
Störfaktor	35
Synergie	46
Temperaturabsenkung	88
Überall ist Wunderland	48
Univers	45
Unter dem Lampenschirm	64
Vom Wurfholz	27
Warumm wohl nur mit einem m?	14
Was machen die Kätzchen?	73
Weckgefegt	89
Weißt du…?	91
Wirtschaft	61
Wischenbericht	25
Wissenschaft für sich	29
Wolf hat Angst vorm bösen Wer	56
Zebrafisch und Zebrafink	74
Zickenalarm	13

Uhl Noir
Der Uelzen Krimi

Carsten Schlüter
ISBN 978-3-9816901-2-5
Preis: 11 Euro

Die Malteser Uhl
Ein Holger Hammer Krimi

Carsten Schlüter
ISBN 978-3-9816901-5-6
Preis: 11 Euro

Farewell, my Uhl
Ein Holger Hammer Krimi

Carsten Schlüter
ISBN 978-3-9816901-8-7
Preis: 11 Euro

Das dunkle Ende der Straße

Carsten Schlüter
ISBN 978-3-947379-05-7
Preis: 12 Euro

Das Rosekonzept
Starte neu, lebe befreit, selbstbestimmt und glücklich!

Marita Rose
ISBN 978-3-9816901-9-4
Preis: 12 Euro

Silberstreife
25 Kolumnen, Gedichte und Bi

Jürgen Trumann, Sebastian Tran
ISBN 978-3-9816901-6-3
Preis: 14,90 Euro

Martin
auf der Suche nach dem Glück

Marita Rose
ISBN 978-3-9816901-9-4
Preis: 12 Euro

Heideland
Natur in Sand, Wald und Moor

Theo Grüntjens, Michael Ende
ISBN 978-3-9816901-3-2
Preis: 29,95 Euro

Der Salzwedeler Baumkuchen

Manfred Lüders
ISBN 978-3-947379-02-6
Preis: 15 Euro

ilipp Julius Toppius (1649 – 1727)
Ulf Wendler
ISBN 978-3-947379-00-2
Preis: 30 Euro

Von der Schulbank in Gestapo-Haft
Uelzener Bündnis gegen Rechts
ISBN 978-3-98116901-1-8
Preis: 5 Euro

Uelzen 1945 – Kriegskinder erzählen
Geschichtswerkstatt Uelzen
ISBN 978-3-9816901-7-0
Preis: 5 Euro

Spuren der Reformation im Landkreis Uelzen
Christine Kohnke-Löbert
ISBN 978-3-947379-01-9
Preis: 5 Euro

Bücher erschienen bei Initia Medien und Verlag.

Erhältlich im Buchhandel oder online unter www.initia-medien.de

Design, Satz und Druckabwicklung beispielsweise von

✓ Magazinen
✓ Broschüren
✓ Büchern

Starten Sie mit uns durch!

» *Kreative Ideen und Konzepte bestehen aus vielen Elementen, gekonnt miteinander verbunden, für eine optimale Wirkung.*

Erfolg ist eine Teamleistung – mit Herz, Sachverstand und Engagement stellen wir uns auf Ihre individuellen Bedürfnisse ein. Darauf können Sie sich verlassen.

- Design und Satz: vom Konzept bis zum fertigen Produkt
- Corporate- und Editorial-Design
- Anzeigengestaltung
- Fotografie und Bildbearbeitung
- Druckabwicklung

- Web-Design und Programmierung
- Shop-Systeme
- Anpassung und Basis-Optimierung
- App-Programmierung
- Redaktionelle Web-Betreuung
- Betreuung Ihrer Firmenpräsenz in sozialen Netzwerken

- Redaktionelle Texte für Print und Web
- Individuelle Advertorials
- PR- und Pressetexte
- Beiträge für Flyer und Broschüren
- Webredaktion für Betriebe, Vereine und Verbände
- Lektorat/Korrektorat

Wir verbinden Elemente.

Initia Medien und Verlag UG (haftungsbeschränkt)
Woltersburger Mühle 1 | 29525 Uelzen

initia-medien.de

DIE NEUE Barftgaans
MAGAZIN FÜR IN UND UM UELZEN

In **„Der Neuen Barftgaans"** – dem Magazin für die Region Uelzen – berichten wir über Themen und erzählen Geschichten auf eine neue Art: mit einem eigenen **Blick auf die Region** und die besonderen **Menschen,** die hier leben. **Unsere Stärke** ist die einzigartige Mischung aus bunten **Lesegeschichten, Reportagen** und **kulturellen Highlights,** mit der wir unsere Leser unterhalten und informieren.

Die Neue Barftgaans ist **kostenlos** an vielen Orten ausgelegt und zudem auch als Soli-**Abo** (6 Ausgaben für 30 €) erhältlich. Für zwischendurch gibt es unsere Online-Ausgabe auf **www.barftgaans.de** mit aktuellen Themen und Terminen.

Die richtige Idee für Ihre Werbung

Mit einer Auflage von **13.000 Exemplaren** haben wir im Landkreis Uelzen eine **große Reichweite.** Sie können auf die starke Werbewirksamkeit Ihrer Anzeige zählen: Das **hochwertige redaktionelle Umfeld** steigert die Wahrnehmung. Aufgrund der zweimonatlichen Erscheinung hat „Die Neue Barftgaans" zudem eine **lange Verweildauer** bei unseren Lesern, die die Zeitschrift gerne immer wieder zur Hand nehmen.

Kreative Werbung, die Spaß macht.

Tel. 0581 / 97 15 70 - 60 | info@initia-medien.de
www.initia-medien.de | www.barftgaans.de

barftgaans.de